www.ingramcontent.com/pod-product-compliance
Lightning Source LLC
LaVergne TN
LVHW010417070526
838199LV00064B/5333
9789358724967

میراجی کی منتخب غزلیں اور گیت

مرتب:
حیدر قریشی

© Taemeer Publications LLC

MeeraJi ki muntakhab Ghazlein aur Geet

Compiled By: Haider Qureshi

Edition: October '2023

Publisher & Printer:

Taemeer Publications LLC (Michigan, USA / Hyderabad, India)

ISBN 978-93-5872-496-7

مصنف یا ناشر کی پیشگی اجازت کے بغیر اس کتاب کا کوئی بھی حصہ کسی بھی شکل میں بشمول ویب سائٹ پر اَپ لوڈنگ کے لیے استعمال نہ کیا جائے۔ نیز اس کتاب پر کسی بھی قسم کے تنازع کو نمٹانے کا اختیار صرف حیدرآباد (تلنگانہ) کی عدلیہ کو ہو گا۔

© تعمیر پبلی کیشنز

کتاب	:	**میراجی کی منتخب غزلیں اور گیت**
مرتب	:	**حیدر قریشی**
صنف	:	شاعری
ناشر	:	تعمیر پبلی کیشنز (حیدرآباد، انڈیا)
سالِ اشاعت	:	۲۰۲۳ء
تعداد	:	(پرنٹ آن ڈیمانڈ)
صفحات	:	۴۲
سرورق ڈیزائن	:	تعمیر ویب ڈیزائن

غزل

نگری نگری پھرا مسافر گھر کا رستا بھُول گیا
کیا ہے تیرا کیا ہے میرا اپنا پرایا بھُول گیا

کیا بھُولا، کیسے بھُولا، کیوں پوچھتے ہو؟ بس یوں سمجھو
کارن دوش نہیں ہے کوئی بھولا بھالا بھُول گیا

کیسے دن تھے، کیسی راتیں کیسی باتیں گھاتیں تھیں
من بالک ہے پہلے پیار کا سندر سپنا بھُول گیا

اندھیارے سے ایک کرن نے جھانک کے دیکھا، شرمائی
دھندلی چھب تو یاد رہی کیسا تھا چہرہ، بھُول گیا

یاد کے پھر میں آ کر دل پر ایسی کاری چوٹ لگی
دُکھ میں سُکھ ہے سُکھ میں دُکھ ہے بھید یہ نیارا بھُول گیا

ایک نظر کی، ایک ہی پل کی بات ہے ڈوری سانسوں کی
ایک نظر کا نور مِٹا جب اک پل بیتا، بھُول گیا

سُوجھ بوجھ کی بات نہیں ہے من موجی ہے مستانہ
لہر لہر سے جا سر پٹکا، ساگر گہرا، بھُول گیا

ہنسی ہنسی میں کھیل کھیل میں، بات کی بات میں رنگ مٹا
دل بھی ہوتے ہوتے آخر گھاؤ کا رِسنا بھُول گیا

اپنی بیتی جگ بیتی ہے جب سے دل نے جان لیا
ہنستے ہنستے جیون بیتا رونا دھونا بھُول گیا

جس کو دیکھو اُس کے دل میں شکوہ ہے تو اتنا ہے
ہمیں تو سب کچھ یاد رہا— پر ہم کو زمانہ بھُول گیا

کوئی کہے یہ کس نے کہا تھا کہہ دو جو کچھ جی میں ہے
میراجی کہہ کر پچھتایا اور پھر کہنا بھُول گیا

غزل

گناہوں سے نشو ونما پا گیا دل
در پختہ کاری پہ پہنچا گیا دل
اگر زندگی مختصر تھی تو پھر کیا
اسی میں بہت عیش کرتا گیا دل
یہ ننّھی سی وسعت یہ نادان ہستی
نئے سے نیا بھید کہتا گیا دل
نہ تھا کوئی معبود، پر رفتہ رفتہ
خود اپنا ہی معبود، بنتا گیا دل
نہیں گریہ وخندہ میں فرق کوئی
جو روتا گیا دل تو ہنستا گیا دل
بجائے دل اک تلخ آنسو رہیگا
اگر ان کی محفل میں آیا گیا دل
پریشاں رہا آپ تو فکر کیا ہے
ملا جس سے بھی اس کو بہلا گیا دل
کئی راز پنہاں ہیں لیکن کھلیں گے
اگر حشر کے روز پکڑا گیا دل
بہت ہم بھی چالاک بنتے تھے لیکن
ہمیں باتوں باتوں میں بہکا گیا دل
کہی بات جب کام کی میراجی نے
وہیں بات کو جھٹ سے پلٹا گیا دل

غزل

جیسی ہوتی آئی ہے ویسے بسر ہو جائے گی
زندگی اب مختصر سے مختصر ہو جائے گی

گیسوئے عکسِ شبِ فرقت پریشاں اب بھی ہے
ہم بھی تو دیکھیں کہ یوں کیوں کر سحر ہو جائے گی

انتظارِ منزلِ موہوم کا حاصل یہ ہے
ایک دن ہم پر عنایت کی نظر ہو جائے گی

سوچتا رہتا ہے دل یہ ساحلِ امید پر
جستجو آئینۂ مدو جزر ہو جائے گی

درد کے مشتاق گستاخی تو ہے لیکن معاف
اب دعا اندیشہ یہ ہے کارگر ہو جائے گی

سانس کے آغوش میں ہر سانس کا نغمہ یہ ہے
ایک دن امید ہے ان کو خبر ہو جائے گی

غزل

نہیں سنتا دلِ ناشاد میری
ہوئی ہے زندگی برباد میری

رہائی کی امیدیں مجھ کو معلوم
تسلی کر نہ اے صیاد میری

نہیں ہے بزم میں ان کی رسائی
یہ کیا فریاد ہے فریاد میری

میں تم سے عرض کرتا ہوں بصد شوق
سنو گر سن سکو رُوداد میری

مجھے ہر لمحہ آئے یاد تیری
کبھی آئی تجھے بھی یاد میری

غزل

زندگی کش مکشِ حاصل و نا حاصل ہے
ماسوا اس کے ہر اک نقشِ جہاں باطل ہے

دُور ماضی کا اُفق،سامنے سیلِ امروز
وقت کا کٹتا کنارا تو یہ مستقبل ہے

دلِ محروم ہے عشاقِ تن آساں کا امیر
گرچہ ہر نورِ گریزاں کا یہی سائل ہے

مجھ سے تو بحثِ آسودہ کا حاصل مت پوچھ
فکر،ہر رنگ میں لذت کے لیے قاتل ہے

ہاتھ پر ہاتھ دھرے عمر گزاری جس نے
کشتنی،سوختنی،جو بھی کہو یہ دل ہے

لبِ میگوں سے جو محرومی ہے تسلیم ہمیں
لذتِ تشنہ لبی اس میں مگر شامل ہے

تیرگی، موجۂ خونخوار، شکستہ کشتی
اور ذرا آنکھ اُٹھائی تو وہیں ساحل ہے

یہ تماشائے چمن نقشِ خط و رنگ نہیں
بہ تقاضائے حیا کاہشِ آب و گِل ہے

غزل

لذتِ شام، شبِ ہجر خداد داد نہیں
اس سے بڑھ کر ہمیں رازِ غمِ دل یاد نہیں

کیفیت خانہ بدوشانِ چمن کی مت پوچھ
یہ وہ گلہائے شگفتہ ہیں جو برباد نہیں

یک ہمہ حسنِ طلب، یک ہمہ جانِ نغمہ
تم جو بیداد نہیں ہم بھی تو فریاد نہیں

زندگی سیلِ تن آساں کی فراوانی ہے
زندگی نقش گرِ خاطر ناشاد نہیں!

اُن کی ہر اک نگہ آموختۂ عکسِ نشاط
ہر قدم گرچہ مجھے سیلیِ استاد نہیں

دیکھتے دیکھتے ہر چیز مٹی جاتی ہے
جنتِ حُسنِ نَفَس و جنتِ شداد نہیں

ہر جگہ حُسنِ فزوں اپنی مہک دیتا ہے
باعثِ زینتِ گل تو قدِ شمشاد نہیں

خانہ سازانِ عناصر سے یہ کوئی کہہ دے
پُر سکوں آبِ رواں ،نوحہ کناں باد نہیں

غزل

ڈھب دیکھے تو ہم نے جانا دل میں دھن بھی سمائی ہے
میرا جی دانا تو نہیں ہے عاشق ہے سودائی ہے

صبح سویرے کون سی صورت پھلواری میں آئی ہے
ڈالی ڈالی جھوم اُٹھی ہے، کلی کلی لہرائی ہے

جانی پہچانی صورت کو اب تو آنکھیں ترسیں گی
نئے شہر میں جیون دیوی نیا روپ بھر لائی ہے

ایک کھلونا ٹوٹ گیا تو اور کئی مل جائیں گے
بالک! یہ انہونی تجھ کو کس بَیری نے سُجھائی ہے

دھیان کی دُھن ہے امر گیت، پہچان لیا تو بولے گا
جس نے راہ سے بھٹکایا تھا وہی راہ پر لائی ہے

بیٹھے ہیں پھلواری میں دیکھیں کب کلیاں کھلتی ہیں
بھنور بھاؤ تو نہیں ہے، کس نے اتنی راہ دکھائی ہے؟

غزل

جب دل گھبرا جاتا ہے تو آپ ہی آپ بہلتا ہے
پریم کی ریت اسے جانو پر ہونی کی چترائی ہے

امیدیں، ارمان سبھی جُل دے جائیں گے، جانتے تھے
جان جان کے دھوکے کھائے جان کے بات بڑھائی ہے

اپنا رنگ بھلا لگتا ہے۔ کلیاں چٹکیں، پھول بنیں
پھول پھول یہ جھوم کے بولا: کلیو! تم کو بدھائی ہے

آبشار کے رنگ تو دیکھے لگن منڈل کیوں یاد نہیں
کس کا بیاہ رچا ہے؟ دیکھو! ڈھولک ہے شہنائی ہے

ایسے ڈولے من کا بجرا جیسے نین بیچ ہو کجرا
دل کے اندر دھوم مچی ہے جگ میں اداسی چھائی ہے

لہروں سے لہریں ملتی ہیں ساگر اُمڈا آتا ہے
منجدھار میں بسنے والے نے ساحل پر جوت جگائی ہے

آخری بات سنائے کیوں کوئی، آخری بات سنیں کیوں ہم نے
اس دنیا میں سب سے پہلے آخری بات سنائی ہے

غزل

ہم پہ وہ کب نگاہ کرتے تھے
اک ہمیں اُن کی چاہ کرتے تھے

ہم تو بس اُن کی چاہ کرتے تھے
اور وہ ہم کو تباہ کرتے تھے

اُن کی زلفوں کی یاد میں شب کو
دل جلا کر سیاہ کرتے تھے

گاہ چپکے گزارتے تھے رات
گاہ روتے تھے آہ کرتے تھے

اُس کے گھر کے کئی کئی پھیرے
یونہی شام و پگاہ کرتے تھے

اور ہوں گے کوئی کہ تجھ کو چھوڑ
ہوسِ عزّ و جاہ کرتے تھے

غزل

سوچتا ہوں یہی کہ اُس دل میں
غیر کس طرح راہ کرتے تھے

چغلیاں کھا کے میری اُن سے رقیب
اپنا نامہ سیاہ کرتے تھے

ہم لہو آنکھ سے بہاتے تھے
وہ نہ ہم پر نگاہ کرتے تھے

داورِ حشر سے یہ کہہ دیں گے
ہم جہاں میں گناہ کرتے تھے

اب تو ہر شے سے بے نیازی ہے
دن گئے جب کہ چاہ کرتے تھے

شعر کہتے تھے اپنے میرؔاجی
لوگ سنتے تھے آہ کرتے تھے

غزل

زندگی ایک اذیت ہے مجھے
تجھ سے ملنے کی ضرورت ہے مجھے

دل میں ہر لحظہ ہے صرف ایک خیال
تجھ سے کس درجہ محبت ہے مجھے

تیری صورت، تری زلفیں، ملبوس
بس انہیں چیزوں سے رغبت ہے مجھے

مجھ پہ اب فاش ہوا رازِ حیات
زیست اب سے تری چاہت ہے مجھے

تیز ہے وقت کی رفتار بہت
اور بہت تھوڑی سی فرصت ہے مجھے

غزل

سانس جو بیت گیا، بیت گیا
بس اسی بات کی کلفت ہے مجھے

آہ میری ہے تبسم تیرا
اس لیے درد بھی راحت ہے مجھے

اب نہیں دل میں مِرے شوقِ وصال
اب ہر اک شئے سے فراغت ہے مجھے

اب نہ وہ جوشِ تمنا باقی
اب نہ وہ عشق کی وحشت ہے مجھے

اب یونہی عمر گزر جائے گی
اب یہی بات غنیمت ہے مجھے

غزل

لب پر ہے فریاد کہ ساقی یہ کیسا مے خانہ ہے
رنگِ خونِ دل نہیں چمکا گردش میں پیمانہ ہے

مٹ بھی چکیں امیدیں مگر باقی ہے فریب امیدوں کا
اس کو یہاں سے کون نکالے یہ تو صاحبِ خانہ ہے

ایسی باتیں اور سے جا کر کہیے تو کچھ بات بھی ہے
اُس سے کہے کیا حاصل جس کو سچ بھی تمہارا بہانہ ہے

طور اطوار انوکھے اس کے کس بستی سے آیا ہے
پاؤں میں لغزش کوئی نہیں ہے یہ کیسا مستانہ ہے

مے خانے کی جھل مل کرتی شمعیں دل میں کہتی ہیں
ہم وہ رند ہیں جن کو اپنی حقیقت بھی افسانہ ہے

غزل

چاند ستارے قید ہیں سارے وقت کے بندی خانے میں
لیکن میں آزاد ہوں ساقی! چھوٹے سے پیمانے میں

عمر ہے فانی،عمر ہے باقی اس کی کچھ پروا ہی نہیں
تو یہ کہہ دے وقت لگے گا کتنا آنے جانے میں

تجھ سے دُوری دُوری کب تھی، پاس اور دور تو دھوکا ہیں
فرق نہیں انمول رتن کو کھو کر پھر سے پانے میں

دو پل کی تھی اندھی جوانی،نادانی کی، بھر پایا
عمر بھلا کیوں بیتے ساری رو رو کر پچھتانے میں

پہلے تیرا دیوانہ تھا اب ہے اپنا دیوانہ
پاگل پن ہے ویسا ہی کچھ فرق نہیں دیوانے میں

خوشیاں آئیں؟اچھا آئیں،مجھ کو کیا احساس نہیں
سُدھ بُدھ ساری بھول گیا ہوں دُکھ کے گیت سنانے میں

اپنی بیتی کیسے سنائیں مدمستی کی باتیں ہیں
میراؔجی کا جیون بیتا پاس کے اک مے خانے میں

غزل

دیدۂ اشکبار ہے اپنا
اور دل بے قرار ہے اپنا

رشکِ صحرا ہے گھر کی ویرانی
یہی رنگِ بہار ہے اپنا

چشمِ گریاں سے چاکِ داماں سے
حال سب آشکار ہے اپنا

ہائے ہُو میں ہر ایک کھویا ہے
کون یاں غمگسار ہے اپنا

صرف وہ ایک سب کے ہیں مختار
اُن پہ کیا اختیار ہے اپنا

بزم سے اُن کی جب سے نکلا ہے
دل غریب الدیار ہے اپنا

غزل

اُن کو اپنا بنا کے چھوڑیں گے
بخت اگر سازگار ہے اپنا

پاس تو کیا ہے اپنے، پھر بھی مگر
اُن پہ سب کچھ نثار ہے اپنا

ہم کو ہستی رقیب کی منظور
پھول کے ساتھ خار ہے اپنا

ہے یہی رسمِ میکدہ شاید
نشہ اُں کا، خمار ہے اپنا

جیت کے خواب دیکھتے جاؤ
یہ دلِ بد قمار ہے اپنا

کیا غلط سوچتے ہیں میراؔ جی
شعر کہنا شعار ہے اپنا

ایک کا گیت، جو سب کا ہے

چندکانت سے من میں آئے شانتی،
کملا میری، بملا میری اور میری ہے کانتی،
پر میں جانوں،
اور یہ سمجھوں
چندکانت سے من میں آئے شانتی،
شیاما میری۔۔۔جس کے لمبے بال، من پنچھی کو جال
رادھا میری۔۔۔جس کی موہن چال، من کو کرے نڈھال
ہاں ہاں، پروتیما میری ناچے سُندر ناچ
سودھا میری گائے گانے جیسے دھیمی آنچ
آشا میری، اوما میری اور میری ہے کانتی
پر میں جانوں
اور یہ سمجھوں
چندکانت سے من میں آئے شانتی،
کملا ضدی، آشا چھوٹی،
بملا بھدی، اوما موٹی،
ہاں ہاں ہاں پروتیما دبلی لمبی جیسے ہو اک بانس،
ہاں اور سودھا پتلی جیسے من کی پھانس
چندرکانت کو وہ کب پہنچیں؟ شیاما، رادھا، کانتی

چندکانت ہے سب سے پیاری،
چندرکانت ہے سب سے اچھی،
میں تو جانوں
چندرکانت بھی ہے اتنا تو جانتی
چندکانت سے من میں آئے شانتی،

اب میں سوچوں چندر کہوں یا کانتا؟
چُپ چُپ، چُپ ۔۔۔ وہ دیکھو آئی چندرکانت، اور شانتا
لیکن سُن لو، میں ہوں اتنا جانتا،
یہ بھی مانے، وہ بھی مانے، سب دنیا ہے مانتی
چندکانت سے من میں آئے شانتی

گیت

اب جس ڈھب آن پڑی، سُکھ جان

دکھ بھی سکھ ہے، کوئی جو بولے سُن لے، اکیلا بیٹھ کے رولے
چاہے سنبھلے، چاہے ڈولے
دل کو دے یہ گیان
جس ڈھب آن پڑی، سُکھ جان

پہلا دھندلکا دور ہوا ہے جھنجٹ کل کا دُور ہوا ہے
آنسو ڈھلکا، دُور ہوا ہے
دو پل کا مہمان
جس ڈھب آن پڑی، سُکھ جان

تیری کٹیا میں ۔۔نادانی چھیڑ کے دکھ کی رام کہانی
تجھ سے کہتی تھی یہ بانی
میٹھے دکھ کے دھیان
جس ڈھب آن پڑی، سُکھ جان

اب وہ بات نہیں ہے پہلی پریم نے جو کہنی تھی، کہہ لی
تُو نے بھی سب جی پر سہہ لی
اب تو نئی ہے تان
جس ڈھب آن پڑی، سُکھ جان

دھولے، مدھ کی گنگا گہری رنگ کئی ہیں، بات اکہری
ایک ہیں سارے میٹھا، زہری
وِس کو امرت جان
جس ڈھب آن پڑی، سکھ جان

جی میں سوچا ایسے بِتائیں دل نے دیکھا کیسے بِتائیں
بیت رہی ہیں جیسے بیتائیں
اب ہے اسی میں آن
جس ڈھب آن پڑی، سکھ جان

گیت

جیون رَن بھومی کے سمان

آن کے ساتھ جہان جیون رن بھومی کے سمان
گھر جو اجاڑے وہی لٹیرا دیکھ سکے کب تیرا میرا
ہاتھ پڑی ہر شے لے بھاگے موہ نے جس کے دل کو گھیرا
موہ نے جس کے دل کو گیرا
اُس کو بَیری جان
جیون رَن بھومی کے سمان

(۲)

جی دہلاتی آندھی آئی سارے جگت میں چھڑی لڑائی
پورب پچھّم اندھیاری ہے کون ہے بھائی، کون قصائی
کون ہے بھائی کون قصائی
اس کی کیا پہچان
جیون رَن بھومی کے سمان

(۳)

دیکھ دیکھ کر پاؤں بڑھانا آگے پیچھے دیکھتے جانا
جہاں بھی دیکھو مچی دھاندلی دیکھ نہ ہرگز دھوکا کھانا
دیکھ نہ ہرگز دھوکا کھانا
تو ہے ابھی نادان
جیون رَن بھومی کے سمان

جاگ گھٹا پورب سے آئی ہو نہ کہیں جگ میں رسوائی
بڑھے دیس کے سارے سورما سب کو دیں دشمن سے رہائی
سب کو دیں دشمن سے رہائی
اس میں ہے اب آن
جیون رَن بھومی کے سمان

گیت

جیون آس کا دھوکا گیانی
ہر شے جگ میں آنی جانی امر آس کی اٹل کہانی
کب سے کتھا یہ چھڑی ہوئی ہے اب تک کس نے ٹوکا گیانی جیون آس کا دھوکا
دھارا ساگر میں مل جائے سورج دھارا کو کلپائے
بادل بن کر پھر سے اُبھرے اونچے پربت سے ٹکرائے
من کی آس بدلتی دھارا اس کو کس نے روکا گیانی جیون آس کا دھوکا
آنکھیں دیکھیں محل سہانا ہنسنا رونا کھونا پانا
اس کے سامنے ایک فسانہ
لہر لہر کا بھید اچھوتا کبھی بھید ہے کبھی بہانہ
پل پل سیر نئی ہے اس میں بیٹھو کھول جھروکا گیانی جیون آس کا دھوکا

گیت

جگ جیون ہے جھوٹی کہانی
جگ میں ہر شے آنی جانی
موہ کا جال بچھا ہے ایسا اَن مِٹ موت کا پھندا جیسا
اس دھوکے سے کیسے نکلیں سوچ تھکے یہ لاکھوں گیانی
جگ جیون ہے جھوٹی کہانی

(۲)

جھوٹی کہانی جھوٹا سپنا کوئی نہیں دنیا میں اپنا
دل کا دردی کوئی نہ دیکھا کس نے سنی اور کس نے مانی
جگ جیون ہے جھوٹی کہانی

(۳)

آشا رنگ محل دکھلائے پاس گئے پر ٹھوکر کھائے
من مورکھ ہے ایک دوانہ گائے اپنی بے ڈھب بانی
جگ جیون ہے جھوٹی کہانی

(۴)

جگ میں اپنا آپ سہارا اور کی آس ہے گھور اندھیارا
پل میں ڈُبائے بہتی دھارا ہم نے اس کی چالیں جانی
جگ جیون ہے جھوٹی کہانی

گیت

دکھ دور ہوئے، دکھ دور ہوئے
جس گھر میں پہلے اندھیرا تھا   جس دل کو دکھ نے گھیرا تھا
قسمت بدلی پُرنور ہوئے
دکھ دور ہوئے، دکھ دور ہوئے

(۲)

اب پہلی بیرن بات گئی   وہ دن بھی گئے وہ رات گئی
رنجور تھے جو مسرور ہوئے
دکھ دور ہوئے، دکھ دور ہوئے

(۳)

جیسے دکھ دل نے اُٹھائے ہیں   ویسے ہی سکھ اب پائے ہیں
مختار ہیں جو مجبور ہوئے
دکھ دور ہوئے، دکھ دور ہوئے

(۴)

چاہت کی جیت ہوئی آخر   اب اَن مِٹ پیت ہوئی آخر
سکھ امرت سے مخمور ہوئے
دکھ دور ہوئے، دکھ دور ہوئے

گیت

مانگ پجاری، مانگ بھکاری
تیرے لئے ہے دنیا ساری
بَن ہیں تیرے بستی تیری تیری بلندی، پستی تیری
تیرا نور، اندھیرا تیرا ہوش بھی تیرا مستی تیری
تیرے لئے ہے سب تیاری
مانگ پجاری، مانگ بھکاری
سورج چاند ستارے تیرے اُجیالے اندھیارے تیرے
رنگ رنگ کی باتیں تیری پھول اور پتے سارے تیرے
تیری ہے یہ سب پھلواری
مانگ پجاری، مانگ بھکاری
پہلی بھولی پیت ہے کس کی؟ ہر مشکل پر جیت ہے کس کی؟
جگ میں تیرا جال بچھا ہے چنچل قسمت میت ہے کس کی؟
پہلے پیچھے تیری باری
مانگ پجاری، مانگ بھکاری
موہن میٹھی کایا تیری درشن کی سب مایا تیری
ہر بستی کے دھن کا دھنی تو دھوپ بھی تیری چھایا تیری
دیکھ تو کس کے ہیں نر ناری
مانگ پجاری، مانگ بھکاری

گیت

انجانے نگر من مانے تھے
من مانے نگر انجانے رہے
اپنی باتوں کی مستی میں سنتے رہے دل کی بستی میں
وہی گیت جو کچھ من مانے رہے
وہی راگ جو سکھ کے بہانے رہے

راتیں بیتیں دن بیت گئے راتیں بھی نئی پھر دن بھی نئے
مُورکھ من ایسا ہٹیلا ہے
اسے یاد وہ رنگ پرانے رہے
انہونی کا جسے دھیان رہا ہونی نے اسے چپکے سے کہا
نہ وہ باتیں رہیں نہ زمانے رہے
جو رہے بھی تو باقی فسانے رہے

اب گیت میں رس ٹپکاتے ہیں یوں دل کی آگ بجھاتے ہیں
اب سب کے لئے وہی باولے ہیں
جو بیتے سمے میں سیانے رہے

گیت

اک بستی جانی پہچانی، یہ دُھن تو ہے بہت پرانی
دل میں ہے دھیان ہمارے
نیلے منڈل کے تارے
اور چندر جوت کے دھارے
سب گائیں میٹھی بانی
اک بستی جانی پہچانی، یہ دُھن تو ہے بہت پرانی

دل کو ہے رس کا بندھن
اِس اُجلی رات کا جوبن
آکاش کا اونچا آنگن
ظاہر میں ہے لافانی
اک بستی جانی پہچانی، یہ دُھن تو ہے بہت پرانی

تُو آئی، میں بھی آیا
دونوں نے قول نبھایا
لیکن ہر بات ہے مایا
جگ کی ہر بات ہے فانی
سب فانی، فانی۔۔فانی۔۔یہ دُھن بھی ہے بہت پرانی

گیت

اندھی دنیا آدھی ، سادھو، اندھی دنیا آدھی
سوچ سمجھ کر جان لے مورکھ! بیٹھ لگا کے سمادھی
ہاتھ کو ہاتھ نہ سوجھے کسی کا چھایا گھور اندھیرا
گیت بھون میں بیٹھے روئیں مل کر سب اپرادھی
پوری بات سنی نہ کسی نے،دل کی دل سے دپوری
گیان گیت کی تان منوہر کیا پوری کیا آدھی
دھارتی چاند ستاروں سمان سبھی انجان پڑوسی
اپنے پرائے اور جگت کے،ہم نے بھی چپ سادھی،

گیت

بات نئی، بات نئی
اب تو ہے ہر بات نئی
رات گئی، رات گئی،
کالی کالی رات گئی،
رات نئی اب آئے گی
چندرمان کو لائے گی
نُور کی ندی بہہ نکلے گی ایسا رنگ جمائے گی
دل میں دکھ کے بندھن تھے جو
اَب وہ ٹوٹ ہی جائیں گے
لوٹ کے دھیان نہ آئیں گے
دُکھ والے،
سکھ والے
دھیان مِری پیاسی آنکھوں کو میٹھے رنگ دکھائیں گے،

آس بندھی، آس بندھی،
آس بندھی ہے من کی جیسے پیتم سے سنجوگ ہوا،
دیور برہ کا روگ ہوا،
دور ہوئی، دور ہوئی،
دور ہوئی ہے من کی چنتا پھلواری میں پھول کھلے
برہن اب پیتم سے ملے،
آ ہی گئیں، آ ہی گئیں،
آ ہی گئیں اب سکھ کی گھڑیاں،
پل میں تارے آئیں گے
سُونے گگن میں اپنی اگن سے
جیون جوت جگائیں گے
رات نئی، رات نئی،
رات نئی اب آئے گی
چندر ماں کو لائے گی
نور کی ندی بہہ نکلے گی ایسا رنگ جمائے گی،

گیت

برکھا کے لاکھوں ہی تیر دل پر کس کو سہوں میں

چاروں اور جھومے ہریالی
چھائی گگن پہ گھٹا متوالی
چھاجوں برسے نیر دل کی کس سے کہوں میں

رہ رہ آئیں پَوَن جھکولے
ڈولے، ڈولے، نیّا ڈولے
ٹھنڈ سے کانپے سر یر،اب تو چپ نہ رہوں میں

بادل بن گئے پریم ہنڈولے
دُکھ کا بندھن کوئی نہ کھولے
آجاؤ رن بیرا! دُکھڑا تم سے کہوں میں

گیت

(۱)

جیون ایک مداری پیارے کھول رکھی ہے پٹاری
کبھی تو دُکھ کا ناگ نکالے پل میں اُسے چھپا لے
کبھی ہنسائے کبھی رجھائے بین بجا کر سب کو رجھائے
اس کی ریت انوکھی نیاری، جیون ایک مداری

(۲)

کبھی نراشا کبھی ہے آشا پل پل نیا تماشا
کبھی کہے ہر کام بنے گا جگ میں تیرا نام بنے گا
بنے دیالو ہتیا چاری، جیون ایک مداری

(۳)

جب چاہے دے جائے دھوکا اس کو کس نے روکا
تو بھی بیٹھ کے دیکھ تماشا کبھی نراشا کبھی ہے آشا
پت جھڑ میں بھی کھلی پھلواری، جیون ایک مداری

(۴)

آئے ہنسی مٹ جائیں آنسو اس میں ایسا جادو
بندر ناچے، قلندر ناچے، سب کے من کا مندر ناچے
جھوم کے ناچے ہر سنساری، جیون ایک مداری

گیت

مِرے دل کی باتیں کیا جانے۔۔۔کیا جانے،
جو دیکھے سبھی جو سُنے نہ کبھی
مرے دل باتیں کیا جانے۔۔۔کیا جانے،
من باوٗلا ہے من چاہے وہی
جو کہی نہ سُنی
یہ جیون گیت انوکھا ہے
کبھی ایک ہی پل میں امر ہو جائے
کبھی یہ سمجھائے
جو روٹھے نہیں کیسے مانے
مرے دل کی باتیں کیا جانے۔۔۔کیا جانے

گیت

من ہی من میں ہری دیپ جلے
کیوں چنتا ہو اندھیارے کی
سدھ بدھ نہیں سانجھ سکارے کی
اب آٹھ پہر ہم رہتے ہیں اُجیالے کی چھایا کے تلے

ہری دیپ بھی سُندر ناری ہے
اس بات میں سب سے نیاری ہے
جس من میں جیوتی جاگ اٹھے
وہ بھی اس کے سانچے میں ڈھلے

جس من میں رُوپ بسے اس کا
آنکھیں کس کی درشن کس کا
یہ بھید بتائے کون ابھی آنند سے ہم بھی نہیں سنبھلے

مت سوچ بٹوہی جیت کہاں
اس راہ میں من کا میت کہاں
یہی دھیان رہے ہر دم دل میں
لو بھی وہ نہیں جو بھی ہوں بھلے

گیت

بن آشا کیسے کاج بنے؟
روکھا جیون سوکھے سپنے، بن آشا کیسے کاج بنے؟
مالی سے خالی پھلواری، جیون کوئی ناری روٹھے نہ منے!
بن آشا کیسے کاج بنے؟
جب کوئی کسی کو ساتھ لئے
بڑھے ہاتھ میں اپنا ہاتھ لئے
یوں ڈول اٹھے دل، بول اٹھے
اب سب جیون کے سکھ اپنے!
کوئی نئی امنگ سجھائی دے
تو ہوتی بات دکھائی دے
پھیلے آکاش پہ چھا جائیں جیون پل میں بادل گھنے گھنے

گیت

ڈھول پکارے زور سے آؤ بھائی آؤ
بیت نہ جائے عمر کہیں آؤ چلتے جاؤ

کہتی ہے یہ بانسری رات اندھیری چھائے
ہنسو جو سمجھو دیکھنا پیت کہیں لگ جائے

تن تن تن تن تن تن تن کہتی ہے یہ ستار
گائے ناچے دل میرا دل کے اوپر بھار

لیکن غمگیں اور دکھی سارنگی بولے
پریت کے ہاتھوں روئی میں، آ تو بھی رو لے

گیت

کیوں نہیں اکھیاں ندیاں سوکھی
کب تک دکھ کی مالا جپنا
سکھ کا سپنا

اس پر کوئی بس نہیں اپنا
نین بھر آئیں

دل یہ پکارے لوگ کہیں یہ دیکھ نہ پائیں
کیسے کہو اب بھید چھپائیں

آنسو پئیں تو سینے میں یوں چلے کٹاری
جیسے گلے میں اترے مدیرا راکھی
کیوں نہیں اکھیاں ندیاں سوکھی؟